CONTEÚDO DIGITAL PARA ALUNOS

Cadastre-se e transforme seus estudos em uma experiência única de aprendizado:

Escaneie o QR Code para acessar a página de cadastro.

CB037191

Complete-a com seus dados pessoais e as informações de sua escola.

Adicione ao cadastro o código do aluno, que garante a exclusividade de acesso.

1326315A6456347

Agora, acesse:
www.editoradobrasil.com.br/leb
e aprenda de forma inovadora e diferente! :D

Lembre-se de que esse código, pessoal e intransferível, é valido por um ano. Guarde-o com cuidado, pois é a única maneira de você utilizar os conteúdos da plataforma.

CONHECER E TRANSFORMAR

[PROJETOS Integradores]

2

Componentes curriculares: **Arte**, **Ciências**, **Geografia**, **História**, **Língua Portuguesa** e **Matemática**.

1ª edição
São Paulo, 2019

Organizadora: Editora do Brasil

Editora responsável: Daniella Barroso
- Mestre em Geografia
- Docente em escolas públicas
- Editora de materiais didáticos

Dados Internacionais de Catalogação na Publicação (CIP)
(Câmara Brasileira do Livro, SP, Brasil)

Conhecer e transformar : [projetos integradores] 2 / organizadora Editora do Brasil; editora responsável Daniella Barroso. -- São Paulo: Editora do Brasil, 2019. -- (Conhecer e transformar)

Componentes curriculares: Arte, ciências, geografia, história, língua portuguesa e matemática.

ISBN 978-85-10-07574-9 (aluno)
ISBN 978-85-10-07575-6 (professor)

1. Arte (Ensino fundamental) 2. Ciências (Ensino fundamental) 3. Geografia (Ensino fundamental) 4. História (Ensino fundamental) 5. Língua portuguesa (Ensino fundamental) 6. Matemática (Ensino fundamental) I. Editora do Brasil. II. Barroso, Daniella. III. Série.

19-28051   CDD-372.19

Índices para catálogo sistemático:
1. Ensino integrado : Livros-texto : Ensino fundamental 372.19
Iolanda Rodrigues Biode - Bibliotecária - CRB-8/10014

© Editora do Brasil S.A., 2019
Todos os direitos reservados

Direção-geral: Vicente Tortamano Avanso

Direção editorial: Felipe Ramos Poletti
Gerência editorial: Erika Caldin
Supervisão de arte e editoração: Cida Alves
Supervisão de revisão: Dora Helena Feres
Supervisão de iconografia: Léo Burgos
Supervisão de digital: Ethel Shuña Queiroz
Supervisão de controle de processos editoriais: Roseli Said
Supervisão de direitos autorais: Marilisa Bertolone Mendes

Supervisão editorial: Priscilla Cerencio
Edição: Agueda del Pozo
Assistência editorial: Felipe Adão e Ivi Paula Costa da Silva
Copidesque: Gisélia Costa, Ricardo Liberal e Sylmara Beletti
Revisão: Fernanda Prado, Flávia Gonçalves, Gabriel Ornelas, Martin Fernando e Mônica Reis
Pesquisa iconográfica: Erika Freitas e Priscila Ferraz
Assistência de arte: Lívia Danielli
Design gráfico: Narjara Lara
Capa: Andrea Melo
Imagens de capa: Tiwat K/Shutterstock.com, nubenamo/Shutterstock.com e balabolka/Shutterstock.com
Ilustrações: Carlos Jorge, Rafael Herrera e Vanessa Alexandre
Coordenação de editoração eletrônica: Abdonildo José de Lima Santos
Editoração eletrônica: Narjara Lara
Licenciamentos de textos: Cinthya Utiyama, Jennifer Xavier, Paula Harue Tozaki e Renata Garbellini
Controle de processos editoriais: Bruna Alves, Carlos Nunes, Rafael Machado e Stephanie Paparella

1ª edição / 1ª impressão, 2019
Impresso na Meltingcolor Gráfica e Editora Ltda.

Rua Conselheiro Nébias, 887
São Paulo, SP – CEP 01203-001
Fone: +55 11 3226-0211
www.editoradobrasil.com.br

Elaboração de conteúdo

Ana Carolina Vieira Modaneze
Designer de jogos com foco em aprendizagem, bacharel em Comunicação Social e sócia-fundadora da Fagulha.

Carolina Lamas
Bacharel e licenciada em Ciências Biológicas pela Universidade Federal do Paraná e pós-graduada em Análise Ambiental pela mesma universidade. Escreve e edita livros didáticos para a educação básica.

Daniella Barroso
Bacharel, licenciada e mestre em Geografia. Leciona para o Ensino Médio em São Paulo.

Jhonny Bezerra Torres
Bacharel e licenciado em Geografia pela Universidade de São Paulo. Professor do Ensino Médio e de cursinhos pré-vestibulares no setor privado e do Ensino Fundamental na rede municipal em São Paulo.

Wellington Fernandes
Licenciado e mestre em Geografia pela Universidade de São Paulo. Leciona no ensino básico na rede municipal de ensino em São Paulo e em cursinhos comunitários.

Olá, você!

Este livro é um pouquinho diferente dos livros escolares: ele tem um monte de perguntas e algumas sugestões sobre como descobrir as respostas.

Há respostas que já foram encontradas por outras pessoas, afinal estamos no mundo há milhares de anos elaborando perguntas e respostas sobre tudo! Mas há algumas que ainda estão à espera de alguém que as descubra.

Neste livro, você encontrará jogos, brincadeiras, desafios e experimentos que vão transformá-lo em um explorador e estimulá-lo a ser um descobridor de coisas!

Formulamos cada projeto acreditando que toda criança é um mundo de possibilidades e talentos. Por isso, você pode se identificar muito com um experimento e não achar legal um jogo. Isso é natural, afinal somos diferentes e temos interesses diversos. Se você perceber que algum colega está desconfortável, enfrentando dificuldades, proponha a ele uma parceria e, juntos, façam descobertas. O que pode ser mais fascinante do que passar o ano escolar tentando decifrar mistérios com os colegas?

Torcemos muito para que você se divirta de montão!

Os autores

CONHEÇA SEU LIVRO

DE OLHO NO TEMA
Aqui você fica sabendo qual é o tema trabalhado no projeto e a importância dele em nossa vida.

DIRETO AO PONTO
Essa é a questão norteadora do projeto, que o guiará a novas descobertas a respeito do assunto trabalhado.

QUAL É O PLANO?
Indicações de qual será o produto final e as etapas principais do projeto, do início até a conclusão.

VAMOS APROFUNDAR
Atividades para você checar os principais conceitos estudados por meio de questões que requerem leitura, interpretação e reflexão.

VAMOS AGIR

Seção com atividades práticas: experimentos, criação de modelo, pesquisa, entrevistas etc.

REFLITA E REGISTRE

É nesse momento que você descobrirá algumas das conclusões após os experimentos e suas observações.

BALANÇO FINAL

Essa é a etapa em que você avaliará seu desempenho e o de toda a turma na execução do projeto.

AUTOAVALIAÇÃO

Essa é uma ficha para verificar as aprendizagens que você adquiriu durante o projeto.

SUMÁRIO

Brincando com o tempo.... 8

Qual é o plano? 9

Etapa 1 – Explorando o assunto... 10
- Nossas lembranças 10

Etapa 2 – Fazendo acontecer 16
- **Percurso 1** – As regras do jogo 18
- **Percurso 2** – O teste do jogo 19

Etapa 3 – Respeitável público.... 20
- Balanço final 21
- Autoavaliação 21

Herbário da escola......... 22

Qual é o plano? 23

Etapa 1 – Explorando o assunto 24
- Do que as plantas precisam para se desenvolver..............................24
- As plantas na cidade..................................30

Etapa 2 – Fazendo acontecer 32
- **Percurso 1** – Coleta de plantas 33
- **Percurso 2** – Produção de exsicatas...... 34
- **Percurso 3** – Montagem do herbário 35

Etapa 3 – Respeitável público.... 36
- Balanço final................................... 37
- Autoavaliação 37

De que são feitas as coisas 38

Qual é o plano? 39

Etapa 1 – Explorando o assunto 40

Todos os materiais se comportam da mesma forma? 40

Os objetos mudam ao longo do tempo ... 44

Etapa 2 – Fazendo acontecer 46

Percurso 1 – Pesquisa do conteúdo do álbum 46

Percurso 2 – Produção do álbum 49

Etapa 3 – Respeitável público 52

Balanço final 53

Autoavaliação 53

Uma rede telefônica escolar 54

Qual é o plano? 55

Etapa 1 – Explorando o assunto 56

As pessoas precisam estar frente a frente para se comunicarem? 56

O que reúne e o que afasta as pessoas 62

Etapa 2 – Fazendo acontecer 64

Percurso 1 – Projeto da rede telefônica .. 64

Percurso 2 – Produção da rede telefônica 66

Etapa 3 – Respeitável público 68

Balanço final 69

Autoavaliação 69

Encartes 71

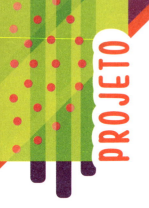

PROJETO

Brincando com o tempo

Tempo de brincar, tempo de comer, tempo de estudar...

O tempo faz parte da vida de cada ser vivo: das plantas, dos animais e da nossa.

Para saber quanto tempo as coisas duram, duraram ou durarão, usamos ferramentas como os calendários e os relógios. Elas nos ajudam a combinar encontros e brincadeiras.

Você está pronto para explorar o tempo e brincar com ele?

 DE OLHO NO TEMA

Medir o tempo é muito importante para ter certeza de que as pessoas se encontrem, que tarefas sejam feitas, que as coisas aconteçam... Imagina só marcar um encontro com os colegas sem poder dizer quando será? E como dizer a todos o dia e a hora que acontecerá esse tão divertido encontro? É aí que entram o relógio e o calendário!

Neste projeto, vamos conhecer como organizar fatos ocorridos em tempos diferentes e como contar isso para as pessoas, além de descobrir o que pode ter acontecido na mesma época. Para tal, vamos explorar lembranças e criar um jogo para brincar com o tempo!

Prepare-se para uma jornada cronológica!

DIRETO AO PONTO

Como contar às pessoas fatos que aconteceram em tempos diferentes?

QUAL É O PLANO?

Criar um jogo de tabuleiro com acontecimentos de diferentes datas.

Etapa 1 – Explorando o assunto
- Nossas lembranças

Etapa 2 – Fazendo acontecer
Percurso 1: As regras do jogo
Percurso 2: O teste do jogo

Etapa 3 – Respeitável público

Vamos fazer cópias do jogo e disponibilizá-las para que outras pessoas também possam brincar com ele.

Nossas lembranças

Que tal explorar e montar sua rede de memórias?

Você sabe relatar o que veio antes ou depois de um acontecimento?

E usar o calendário, você já sabe?

Esta é sua rede de memórias, mas ela ainda está vazia! Você deve preencher os espaços em branco com suas lembranças.

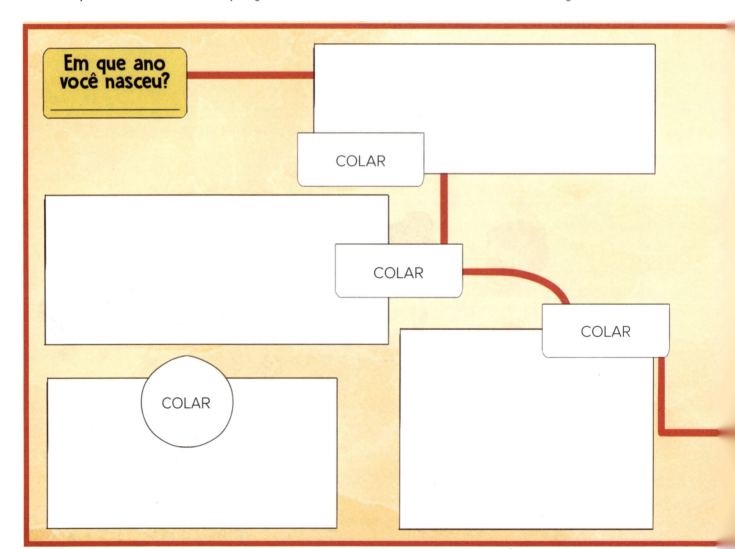

1. Para ajudá-lo a se lembrar dos fatos, recorte algumas cartinhas com lembranças que estão no final do livro (página 71). Você precisa colar as cartinhas em ordem: O que aconteceu antes? O que aconteceu depois? Em seguida, desenhe o que se pede.

2. As cartinhas redondas não precisam ser coladas na ordem.

> **REFLITA E REGISTRE**
>
> 1. O que nos ajuda a lembrar de fatos que já aconteceram?
> 2. Esse exercício de se lembrar seria diferente se tivéssemos usado fotografias e gravações em áudio e vídeo?

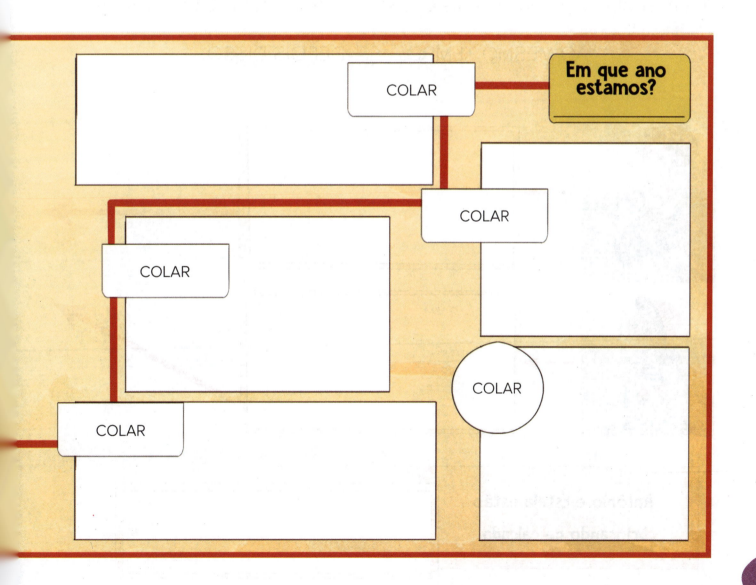

VAMOS AGIR

Como organizar as lembranças

Estela e Antônio saíram para passear de bicicleta e patinete na calçada do lugar em que moram. O que será que aconteceu?

Em dupla

1. Elaborem a história do que aconteceu com Estela e Antônio. Cada um de vocês pode contar a história de um dos personagens.

2. Com base no que vocês elaboraram, desenhem o que aconteceu nos espaços em branco para completar a história.

3. Em seguida, preencham os espaços no texto com as expressões:

AO MESMO TEMPO   DEPOIS DISSO

Antônio e Estela estão brincando na calçada

REFLITA E REGISTRE

1. No caderno, escreva a história que você e seu colega criaram. As perguntas a seguir podem ajudá-los a organizar as ideias.

- O que Estela e Antônio faziam ao mesmo tempo?
- O que aconteceu antes de Estela trombar com Antônio? E depois?
- O que aconteceu antes de Antônio trombar com Estela? E depois?
- Durante a trombada, o que aconteceu com Estela e Antônio?
- No final, o que Estela e Antônio fizeram?

eles...

13

Medindo o tempo

Vamos contar a história da trombada de Estela e Antônio usando os minutos?

1. Desenhe ou recorte as cenas que estão no final do livro (página 73) e cole-as nos espaços de acordo com a sequência de acontecimentos da história.

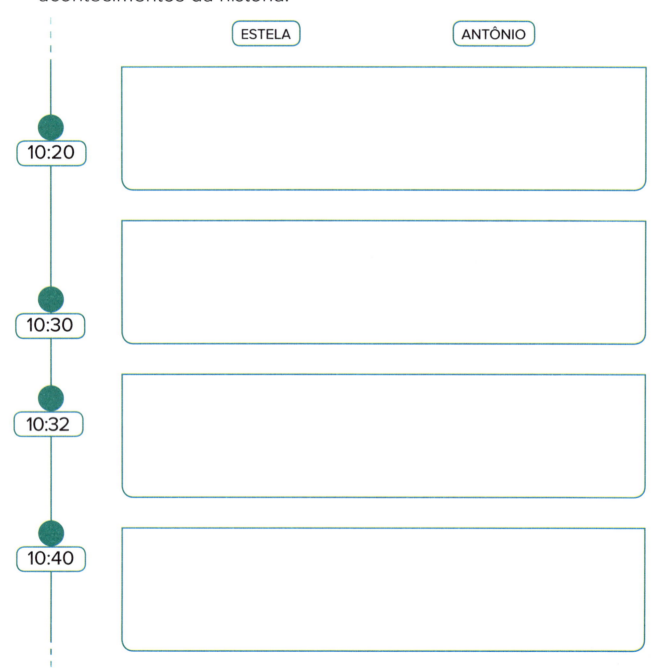

2. Um guarda de trânsito viu a trombada de Estela e Antônio e foi ajudá-los. Depois de confirmar que os dois estavam bem, ele precisou preencher uma ficha com as informações do acidente. Complete a ficha a seguir considerando que tudo isso aconteceu ontem.

FICHA

1. O(S) ENVOLVIDO(S)

☐ CRIANÇA(S)   ☐ ADOLESCENTE(S)
☐ ADULTO(S)   ☐ IDOSO(S)

2. DIA, MÊS E ANO

DOM	SEG	TER	QUA	QUI	SEX	SAB
☐	☐	☐	☐	☐	☐	☐
☐	☐	☐	☐	☐	☐	☐
☐	☐	☐	☐	☐	☐	☐
☐	☐	☐	☐	☐	☐	☐
☐	☐	☐	☐	☐	☐	☐
☐	☐					

20

3. PERÍODO DO DIA

☐ MANHÃ
☐ TARDE
☐ NOITE

4. MEIO(S) DE TRANSPORTE

☐ bicicleta   ☐ patinete   ☐ skate
☐ moto   ☐ carro   ☐ ônibus

REFLITA E REGISTRE

1. Retome sua rede de memórias e escolha um dos eventos para contar mais informações aos colegas. Em uma folha à parte, monte uma ficha como a desta página e a preencha com as informações de sua história. Depois, apresente-a à turma.

ETAPA 2 — FAZENDO ACONTECER

Orientações gerais

Além de lembranças que são só suas, ou compartilhadas com quem o conhecem, existem outras que fazem parte da vida de muitas pessoas: são os grandes acontecimentos do mundo.
A fim de explorar algumas dessas lembranças, propomos que vocês criem um jogo para brincar com o tempo.

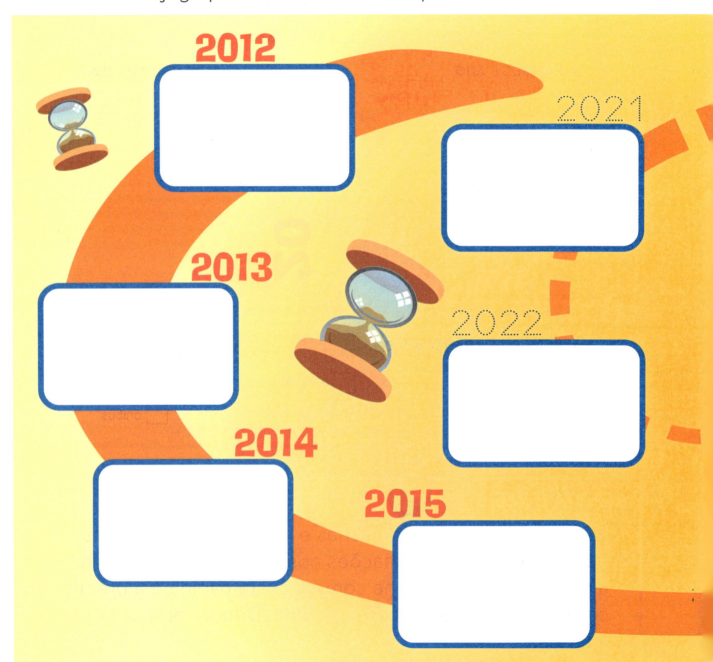

Abaixo, vocês encontram um tabuleiro. No final do livro (páginas 75 e 77), há um octaedro com as datas do tabuleiro e as cartas para criar seu próprio jogo.

PERCURSO 1

AS REGRAS DO JOGO

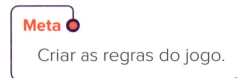
Meta
Criar as regras do jogo.

Em grupo

1. Todo jogo precisa de regras. Vamos inventar as nossas? As perguntas a seguir podem ajudar vocês nessa criação.

Qual será o limite de jogadores por partida?	
As cartas em branco serão preenchidas pelo grupo ou serão parte do jogo?	
Como serão preenchidas as cartas em branco: acontecimentos mundiais ou lembranças pessoais?	
Como o octaedro será utilizado?	
No jogo haverá pinos que se movimentam pelas casas?	
Quem começa o jogo?	
O que cada jogador deve fazer em sua jogada?	
Quando o jogo termina?	
Como será definido o vencedor?	

2. Conversem sobre cada item e elaborem as regras do jogo. Se vocês decidiram preencher as cartas em branco com acontecimentos mundiais, pesquisem um fato relevante que tenha acontecido nos anos marcados no tabuleiro.

3. É hora de experimentar o jogo! Todos os membros do grupo deverão jogar para testá-lo. Alguma coisa não ficou legal? Vocês podem mudar a regra e testar novamente!

PERCURSO 2

O TESTE DO JOGO

> **Meta** ●
>
> Testar o jogo com os colegas.

Está na hora de jogar com os colegas!

1. Juntem-se a outro grupo e troquem os jogos. Vocês devem explicar as regras que criaram para os colegas do outro grupo e escutar as regras que eles fizeram para o jogo deles. Tirem as dúvidas e, depois, joguem.

2. Anotem no quadro a seguir o que funcionou bem, o que não funcionou e também as sugestões de vocês para o jogo do outro grupo.

Jogo de:		
O que funcionou	O que não funcionou	Sugestões

3. Ao final, apresentem aos colegas as anotações que fizeram e escutem deles o que acharam do jogo de vocês. Anotem o que precisa ser modificado no jogo de vocês para que funcione perfeitamente.

Nosso jogo	
O que não funcionou	Como solucionar o problema

4. Façam os ajustes necessários.

ETAPA (3) RESPEITÁVEL PÚBLICO

É o momento de colocar o jogo no mundo!

Cada grupo deve produzir um jogo em tamanho grande para ser colocado à disposição do público, dentro ou fora da escola. A lista de tarefas a seguir vai ajudá-los nesse trabalho.

Em grupo

1. Vocês vão precisar de: cartolina, régua, tesoura sem ponta, cola, lápis (ou caneta) e lápis de cor.

2. Copiem o tabuleiro e o molde do octaedro na cartolina. Recortem e montem.

3. Para fazer as cartas, desenhem oito quadrados na cartolina. Depois, recortem e escrevam o texto.

4. Pintem o material.

A fim de deixar o jogo disponível para outras pessoas, é preciso explicar as regras dele. Mas vocês não estarão com os jogadores o tempo todo para explicá-las pessoalmente. Por essa razão, agora é o momento de escrever as regras. Usem frases simples para que todas as pessoas possam entendê-las.

Sigam as orientações do professor de como disponibilizar o jogo para o público.

 **BALANÇO FINAL**

Foi difícil para você participar de um jogo com acontecimentos datados? E organizar os acontecimentos na ordem, isso foi fácil? Em uma roda de conversa, conte aos colegas as maiores dificuldades que você enfrentou neste projeto e escute as dificuldades deles também.

 **AUTOAVALIAÇÃO**

No quadro a seguir, você pode rever o que aprendeu ao longo deste projeto. Preencha-o e, depois, compartilhe com os colegas e o professor suas impressões: O que foi fácil e o que representou um grande desafio para você?

Eu aprendi a...	😊	😐	😖
...organizar os acontecimentos em ordem cronológica.			
...identificar o que vem antes e depois de um acontecimento.			
...reconhecer formas de medir o tempo, como relógio e calendário.			
...criar regras de um jogo de tabuleiro.			
...escrever as regras de um jogo.			

PROJETO

Herbário da escola

Você já observou a quantidade de plantas encontradas próximo de nós?

Apesar da grande variedade de plantas, somente é possível conhecer algumas delas por meio de registros como desenhos e fotografias, pois muitas já foram extintas e outras estão em risco de extinção. Se estas não forem protegidas, podem não existir no futuro.

Neste projeto, você vai conhecer uma maneira de registrar informações científicas sobre as plantas usando fotografias e ilustrações, além de divulgá-las de maneira divertida, para que a comunidade possa saber mais detalhes sobre as plantas que estão a nosso redor.

DE OLHO NO TEMA

Neste projeto vamos explorar plantas e coleções! Ao final dele, você terá aprendido como secar e prensar amostras de plantas para produzir um herbário, que é uma coleção de plantas dessecadas, conservadas e organizadas com objetivos científicos.

Ao catalogarmos as plantas em exsicatas e criarmos um herbário virtual, conhecemos uma forma de registro científico de plantas e proporcionamos a outras pessoas a oportunidade de estudar essas plantas sem precisar encontrá-las na natureza.

O pau-brasil é uma árvore nativa de nosso país que está em risco de extinção.

22

DIRETO AO PONTO

Como podemos registrar informações científicas sobre as plantas?

QUAL É O PLANO?

Montar um herbário com plantas da escola e dos arredores.

Etapa 1 – Explorando o assunto

- Do que as plantas precisam para se desenvolver
- As plantas na cidade

Etapa 2 – Fazendo acontecer

Percurso 1: Coleta de plantas
Percurso 2: Produção de exsicatas
Percurso 3: Montagem do herbário

Etapa 3 – Respeitável público

A proposta é montar um herbário virtual com fotografias das exsicatas produzidas, que poderá ser observado por toda a comunidade escolar.

Do que as plantas precisam para se desenvolver

Você já observou o crescimento de plantas? Do que elas precisam para se desenvolver? Como elas se alimentam?

As plantas são seres vivos capazes de produzir o próprio alimento. Elas fazem isso na fotossíntese: usam gás carbônico, luz e água para fabricar o alimento de que precisam.

As plantas precisam de água

Que tal fazer um experimento para observar como as plantas utilizam a água para sobreviver?

Você vai precisar de uma garrafa PET, massinha de modelar, barbante, sementes de feijão, bolinhas de algodão, palitos de madeira, tesoura sem ponta e água.

Como fazer

1. Peça a um adulto que corte a garrafa em três partes, como nas fotografias a seguir. A parte do meio pode ser descartada, assim como a tampa. Encaixe a parte superior da garrafa na parte inferior, com a "boca" voltada para baixo.

2. Despeje água na garrafa até a altura de cerca de 10 cm. Depois, corte quatro pedaços de barbante e coloque-os na boca da garrafa até ficar em contato com a água. Cada barbante deve ficar com uma ponta mergulhada na água e a outra ponta na parte de cima da garrafa.

Imagens: Sérgio Dotta

3. Coloque algumas bolinhas de algodão sobre os barbantes até que a superfície da garrafa fique coberta. Então, coloque algumas sementes de feijão sobre o algodão.

Os barbantes ficarão úmidos e levarão umidade para o algodão e as sementes.

4. Faça três bolinhas com a massa de modelar e espete cada palito de madeira em uma bolinha. Com um pedaço de barbante amarre os três palitos pela parte de cima, formando um tripé.

5. Coloque o tripé de palitos sobre a garrafa: ele vai ajudar o pé de feijão a se desenvolver para o alto.

Fonte: Jack Challoner. *Maker lab outdoor*. Nova York: Dorling Kindersley, 2018. p. 33-35.

25

As plantas precisam de luz

Agora, que tal fazer um experimento para observar como a luz afeta o crescimento das plantas?

Você vai precisar de:

- grãos de feijão crus;
- solo;
- copinho plástico;
- tinta e pincel (ou papel escuro e cola);
- caixa de sapatos;
- papel-cartão;
- tesoura sem ponta;
- fita adesiva;
- água.

Como fazer

Antes de iniciar o experimento, é preciso plantar os grãos de feijão em um copinho com solo e esperar alguns dias até que a planta nasça. Você precisa regar bem o potinho com água e deixá-lo em um local em que receba luz do Sol.

Imagens: Mar de Palha

1. Agora é hora de construir a caixa do experimento. Peça ajuda a um adulto para cortar um pequeno buraco em um dos lados menores da caixa de sapatos.

2. Pinte a parte interna da caixa com uma cor escura. Você também pode colar um papel escuro em toda a parte interna.

3. Use o papel-cartão para fazer duas divisórias internas na caixa de sapatos. Faça dois buracos nelas. Os buracos precisam ficar de lados diferentes da caixa.

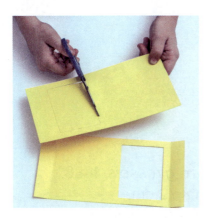
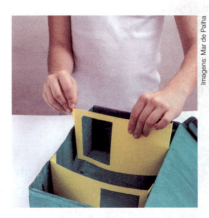

A caixa está pronta! Coloque-a em pé, com o lado do retângulo cortado para cima.

4. Coloque o copinho com a planta deitado na parte mais baixa da caixa. Feche a caixa com fita adesiva: você só deve abri-la para regar a planta. Deixe por alguns dias em um lugar iluminado pelo Sol até que a planta cresça e comece a sair pelo buraco da caixa.

Fonte: Jack Challoner. *Maker lab*. Nova York: Dorling Kindersley, 2016. p. 140-142.

REFLITA E REGISTRE

1. Avaliando os dois experimentos, para onde as raízes e o caule das plantas se dirigiram?
2. Como essa movimentação mostra as necessidades das plantas para se desenvolver?
3. O que você imagina que aconteceria com as plantas se não houvesse água e luz disponíveis?

Observando as partes das plantas

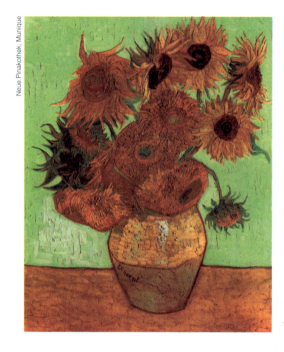

Vincent van Gogh. *Doze girassóis,* 1888. Óleo sobre tela, 91 cm × 72 cm.
Nesta pintura, qual parte da planta foi representada pelo artista? Toda planta tem essa parte? Quais outras partes das plantas você conhece?

Algumas plantas têm flores grandes e coloridas, outras não têm flores. Vamos conhecer outras partes das plantas na ilustração a seguir.

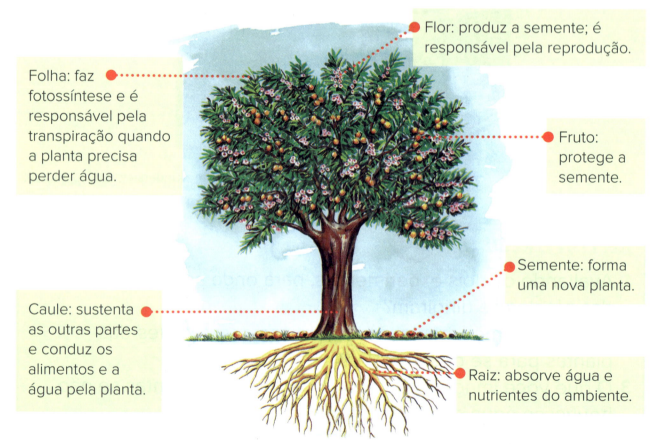

Folha: faz fotossíntese e é responsável pela transpiração quando a planta precisa perder água.

Caule: sustenta as outras partes e conduz os alimentos e a água pela planta.

Flor: produz a semente; é responsável pela reprodução.

Fruto: protege a semente.

Semente: forma uma nova planta.

Raiz: absorve água e nutrientes do ambiente.

28

Em grupo

1. Com os colegas e o professor, passeiem pela escola e pelo entorno dela. Observem as plantas do ambiente e, com um *smartphone* ou uma câmera fotográfica, registrem as plantas que observarem.

2. Em sala de aula ou no laboratório de informática, reúnam todas as fotografias e imprimam algumas cópias de cada planta registrada.

Individual

3. Que diferenças você observou entre as plantas? E semelhanças? Todas elas tinham a aparência da planta pintada por Van Gogh? Elabore uma ficha (pode ser no caderno ou em folha à parte) com as imagens das plantas fotografadas de acordo com as características indicadas a seguir.

    - A planta tem flor
    - A planta tem a raiz enterrada no solo

4. Em sala de aula, escolham juntos uma terceira característica e complete sua ficha.

5. Apresente suas escolhas aos colegas. Explique por que você decidiu selecionar essas imagens.

REFLITA E REGISTRE

1. Alguma planta foi utilizada por dois ou mais alunos para ilustrar características diferentes? Por que isso ocorreu?

_____

_____

_____

As plantas na cidade

Embaúba.

Samambaia.

Ipê.

Violeta.

Você sabe por que o Armandinho acha que violetas e samambaias podem ser plantas de casa e ipês e embaúbas, não?

Ao conhecer o ipê e a embaúba, você descobriu por que elas não são cultivadas dentro de casa?

Até mesmo quando vamos escolher uma planta para o quintal ou a calçada, precisamos pesquisar as características dela.

Cada espécie de planta precisa ter boas condições para se desenvolver. Uma árvore grande, por exemplo, costuma ter raízes também grandes: O que você imagina que pode acontecer se plantamos várias árvores próximas a uma casa?

As raízes podem afetar a estabilidade da casa! Há também outros problemas: os galhos podem se aproximar da rede elétrica e os frutos pesados podem cair sobre os pedestres na calçada.

As árvores precisam de boas condições para se desenvolver: se forem plantadas em calçadas ou próximo a moradias, é preciso deixar espaço suficiente para que a raiz e a copa cresçam sem destruir as construções.

VAMOS APROFUNDAR

1. Reúna-se com um colega e, juntos, pesquisem na internet ou em livros alguns exemplos de plantas que são apropriadas para serem cultivadas em calçadas. Escolham dois exemplos, registrem algumas informações na tabela a seguir e apresentem o resultado aos colegas.

Nome da planta:	
Altura máxima:	
Característica das raízes:	
Nome da planta:	
Altura máxima:	
Característica das raízes:	

ETAPA 2 — FAZENDO ACONTECER

Orientações gerais

Há diversas maneiras de registrar as características de uma planta: por meio de pintura, fotografia, escultura, ilustração, entre outras. Quando fazemos esses registros, pode ser que algum detalhe das plantas fique de fora. Assim, quando precisamos consultar esses detalhes, temos de ir novamente ao local onde está a planta.

Muitos cientistas se dedicaram a elaborar um catálogo com as próprias plantas para que seus detalhes pudessem ser observados a qualquer momento. Assim foram criados os herbários: coleções científicas com plantas secas preservadas e identificadas.

As plantas são colhidas e transformadas em exsicatas. O nome é complicado, mas a ideia é simples: as partes da planta são secas e fixadas em cartolina. Uma etiqueta de identificação descreve as principais características da planta.

Nosso objetivo é convidar você e os colegas a fazer um herbário das plantas encontradas na escola e nos arredores.

Exsicata presente no herbário do Museu Botânico de Curitiba, no Paraná. A etiqueta apresenta informações importantes, como características da planta ("Ramosa, flores rosadas") e o lugar da Serra Capivari Grande onde ela foi colhida ("Campo graminoso da encosta de morro").

PERCURSO 1

COLETA DE PLANTAS

Meta
Coletar as plantas e buscar informações sobre elas.

Em grupo

1. Visitem os espaços da escola, dos arredores dela ou próximo à moradia de vocês em que há plantas. Vocês podem fotografar aquelas de que mais gostaram.

2. Partilhem em sala de aula as impressões sobre as plantas que viram.

Individual

3. Escolha uma das plantas observadas para montar sua exsicata e colete amostras dela. Cada aluno deve escolher uma planta diferente da dos colegas, por isso a conversa entre vocês é fundamental. Se possível, pegue partes que contenham flores e frutos. Traga as amostras para a sala de aula sem apertá-las.

4. Pesquise, na internet ou em livros, as principais características da planta escolhida. Você pode descobrir se ela é rasteira, um arbusto ou uma árvore; descubra também como são suas raízes e se ela dá frutos.

5. Complete a etiqueta de identificação com as informações da planta.

Herbário da escola _____

Código: _____

Nomes populares da planta: _____

Características da planta: _____

Tipo de planta: ☐ rasteira   ☐ arbustiva   ☐ arbórea

Altura da planta: _____

Onde ela foi coletada: _____

Data de coleta: _____

Pessoa responsável pela coleta e pela exsicata: _____

PERCURSO 2

PRODUÇÃO DE EXSICATAS

Preparação das plantas

Meta
Preparar as plantas e montar as exsicatas.

Individual

1. Em uma superfície plana, coloque uma folha de papelão e, sobre ela, algumas folhas de jornal.

2. Coloque a amostra da planta coletada sobre o jornal. Cuide para que nenhuma parte da planta fique sobre outra e para que as folhas estejam bem esticadas.

3. O professor irá borrifar álcool na planta.

4. Cubra a amostra com mais folhas de jornal e papelão.

5. Na última camada de papelão, anote o nome da planta, o seu nome e a data de coleta. Depois, prenda tudo com um barbante para ficar bem firme e não se soltar.

Em grupo

6. Empilhem todas as amostras preparadas pelo grupo. Sobre a pilha formada, coloquem objetos pesados, como livros. É importante que as plantas sejam bem prensadas.

7. A cada dois dias, desmontem os pacotinhos, troquem os jornais e verifiquem o processo de secagem das plantas. Pode demorar cerca de duas semanas até as plantas desidratarem completamente.

Montagem das exsicatas

1. Você vai precisar de cartolina branca, tiras de papel, fita adesiva, cola e uma cópia da ficha de identificação feita na página 33.

2. Dobre a cartolina ao meio. Você vai usar a metade da cartolina para montar sua exsicata e a outra metade para cobri-la.

3. Coloque a amostra sobre a cartolina. Deixe espaço no canto direito da folha para a etiqueta de identificação.

4. Prenda a amostra utilizando as tiras de papel e a fita adesiva. Passe a tira de papel sobre a amostra e use a fita adesiva somente nas pontas da tira de papel – nunca sobre a planta.

5. Preencha e cole a ficha de identificação.

6. Feche a cartolina de forma que toda a planta fique coberta pelo papel.

PERCURSO 3

MONTAGEM DO HERBÁRIO

Meta

Organizar as exsicatas em um herbário.

O herbário é um conjunto de informações sobre as plantas. As exsicatas são parte fundamental do herbário, pois elas mostram partes da planta e informações sobre elas.

1. Reúnam todas as exsicatas e decidam juntos como organizá-las: Haverá um código? Será em ordem alfabética?

2. Para manter todas as exsicatas juntas, sem perdê-las, furem a ponta das cartolinas (fechadas) e, nos furos, passem um anel de metal (como o que usamos para prender as chaves).

ETAPA 3 — RESPEITÁVEL PÚBLICO

Com o auxílio do professor, elaborem uma seção no *blog* ou na página da escola na internet para divulgar virtualmente o herbário construído pela turma.

1. Escolham um nome para o herbário.

2. Desenhem um símbolo para o herbário. Vocês podem apresentar várias propostas e escolher por votação qual desenho será o símbolo utilizado.

Este é o símbolo do herbário virtual A. de Saint-Hilaire.

3. Escrevam um texto coletivo de apresentação do herbário para colocar no *blog*.

4. Com o auxílio de *smartphones* e câmeras fotográficas, registrem as exsicatas.

Vocês precisam enquadrar cada exsicata perfeitamente no visor da câmera. Uma sugestão é prender as exsicatas na parede e usar uma carteira para manter a câmera bem firme na direção da parede.

Organizem uma apresentação do *blog* para a comunidade escolar. Vocês podem promover um evento, colocar cartazes na escola ou gravar um vídeo para transmitir informações no pátio. Escolham uma maneira de comunicar aos colegas que eles podem conhecer as plantas do herbário da escola!

 **BALANÇO FINAL**

De que maneiras podemos registrar informações sobre as plantas?

 **AUTOAVALIAÇÃO**

No quadro a seguir você pode rever o que aprendeu ao longo da realização deste projeto. Preencha-o e, depois, compartilhe com os colegas e o professor suas impressões: O que foi fácil e o que representou um grande desafio para você?

Eu aprendi a...	🙂	😐	😣
...apontar o que as plantas necessitam para se desenvolver.			
...identificar as partes da planta.			
...identificar diferentes maneiras de registrar as plantas.			
...registrar observações.			
...produzir uma exsicata para o herbário da escola.			

Sim 🙂   Um pouco 😐   Não 😣

37

PROJETO

De que são feitas as coisas

Os objetos que usamos em nosso cotidiano são feitos de diferentes materiais: madeira, borracha, metal, entre outros.

DE OLHO NO TEMA

Um objeto pode ganhar uma nova função quando é fabricado com outro material. Por exemplo, uma bolinha de gude e uma bola de basquete são bolas, mas elas não têm as mesmas características.

Neste projeto vocês vão explorar objetos feitos com diferentes materiais e também objetos diferentes que cumprem a mesma função.

Bola feita de metal para jogar petanca.

Bola feita de borracha para a prática da ginástica.

38

> **DIRETO AO PONTO**
>
> Os objetos são feitos do mesmo material?

QUAL É O PLANO?

Produzir um álbum de figurinhas com imagens de materiais e objetos explorados no projeto.

Etapa 1 – Explorando o assunto

- Todos os materiais se comportam da mesma forma?
- Os objetos mudam ao longo do tempo

Etapa 2 – Fazendo acontecer

Percurso 1: Pesquisa do conteúdo do álbum
Percurso 2: Produção do álbum

Etapa 3 – Respeitável público

Organizar um evento para distribuir os álbuns e os pacotes com as figurinhas entre os colegas.

39

ETAPA 1 — EXPLORANDO O ASSUNTO

Todos os materiais se comportam da mesma forma?

A fim de responder à questão do título, vamos usar dois materiais diferentes para construir um mesmo objeto, um instrumento musical.

Material:

- uma caixa de fósforos (a maior possível);
- de 4 a 6 elásticos de dinheiro;
- um pedaço de papelão-paraná (bem duro);
- papel colorido ou tinta para enfeitar o instrumento;
- cola branca;
- tesoura sem ponta.

Como fazer

1. Recorte o papelão com a mesma forma da fotografia.

O corte do papelão não pode ser quadrado, pois precisa ter essa "caída" para que os sons sejam diferentes.

2. Cubra a tampa da caixa de fósforos e o papelão com papel colorido. Você também pode pintá-los.

3. Com a caixinha de fósforo fechada, passe os elásticos em volta dela usando a maior medida, o comprimento.

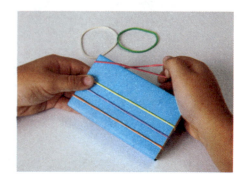

4. Se os elásticos ficarem folgados, abra a caixa de fósforos até que o elástico fique firme e marque com um lápis essa posição. Tire todos os elásticos e use o papelão para conseguir manter a caixinha aberta nessa posição: basta cortar dois pedaços de papelão com essa medida da caixinha aberta até a posição marcada. Cole um no fundo da caixa e outro embaixo da tampa e cubra tudo com papel colorido.

5. Insira o papelão no espaço entre a tampa da caixinha e os elásticos. A melhor posição para o papelão é na ponta da caixinha, assim sobra espaço para você tocar os elásticos e produzir som.

6. Experimente tocar as "cordas" do instrumento com os dedos. Em seguida, use o pedaço de papelão para fazer uma palheta e a utilize para tocar as "cordas".

Agora temos um desafio para você: troque o elástico por barbante e refaça o instrumento!

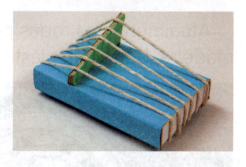

Fonte: Alexandra Parsons. *Sound*. Londres: Two-Can, 1992. p. 43.

REFLITA E REGISTRE

1. Houve alguma diferença no som quando você tocou o instrumento com os dedos e com o papelão?
2. O barbante funcionou da mesma maneira que o elástico? Quais foram as dificuldades encontradas por você?

Um mesmo objeto feito de materiais diferentes

Olhe ao seu redor e tente encontrar em sua casa alguma coisa que não tenha absolutamente qualquer relação com a roda. Quase toda máquina, todo equipamento, todo objeto confeccionado pelo homem possui de certo modo uma ligação com a roda.

Tom Philbon. *As 100 maiores invenções da história*. Rio de Janeiro: Difel, 2005. p. 7.

A roda é um objeto muito antigo. Durante um longo tempo, ela foi produzida com madeira. No século 18, o inventor Thomas Edison (sim, o mesmo da lâmpada!) teve a ideia de cobrir a roda com borracha. No mesmo período, o inventor John Dunlop desenvolveu o pneu, uma roda feita de borracha com um inflável dentro.

A borracha é um material muito mais elástico do que a madeira. Você consegue imaginar por que ela é tão usada nas rodas?

Atualmente, as rodas podem ser feitas com diversos materiais: madeira, borracha, plástico, papel, entre outros.

Nem sempre nós percebemos as rodas girando em um objeto! O relógio, por exemplo, tem engrenagens em seu interior, que são rodas com dentes que giram engatadas entre si.

VAMOS AGIR

Para esta atividade, vocês têm um grande desafio: conseguir encontrar em casa e na vizinhança rodas de todo tipo; rodas de papel, plástico, metal, borracha, madeira; rodas de diferentes tamanhos. Estão valendo rodas leves e rodas pesadas.

A proposta é que vocês testem vários tipos de roda em cima de diferentes materiais. Por isso, depois de conseguir as rodas, o passo seguinte é fazer tampas de caixa de sapato com os materiais por onde as rodas vão transitar. Para isso, além das tampas de caixas, vocês precisam de terra, pedras bem pequeninas e pedras um pouco maiores.

Em grupo

1. Dividam-se em pequenos grupos e escolham cinco rodas diferentes para testar sobre as caixas. Encontrem uma forma de girá-las sobre o material, sempre na mesma velocidade e usando a mesma força.

2. Elaborem um quadro com as informações que vocês observaram no teste de cada roda: Foi fácil girar a roda? O material da caixa ajudou ou atrapalhou? Ficou marca da roda no material?

REFLITA E REGISTRE

1. Todos os tipos de roda se comportaram da mesma maneira sobre a terra?
2. E sobre os demais materiais, houve diferença?

Os objetos mudam ao longo do tempo

Algumas vezes, um novo material ajuda as pessoas a criar um novo objeto para fazer a mesma coisa que um anterior. Dois exemplos são o disco de vinil e o *compact disc* (CD), que armazenam música, mas são feitos de materiais diferentes.

Conheça a seguir objetos feitos de materiais diferentes que têm a mesma função: armazenar música e vídeo.

VAMOS ESCUTAR MÚSICA NA RUA?

Fita cassete (K7)
Na década de 1980, muitas pessoas sonhavam em ter um tocador portátil de fita cassete. Era só gravar as músicas na fita e depois escutar enquanto ia de um lugar para o outro.

***Compact disc* (CD)**
Os discos compactos (*compact disc*) também tinham um tocador portátil. O difícil era carregar os discos para ter várias opções, pois eles são bem maiores que a fita cassete.

Arquivo digital de música
O desenvolvimento dos computadores e dos celulares abriu espaço para carregar apenas os arquivos de músicas. Atualmente, podemos armazenar milhares de músicas no tocador ou no celular e escutá-las por muitas horas.

VAMOS VER UM FILME EM CASA?

ANOS 1980
As fitas de vídeo eram alugadas na videolocadora e rodavam dentro de um equipamento chamado videocassete.

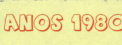

ANOS 2000
As videolocadoras acompanharam as mudanças e passaram a alugar o DVD, que pode ser utilizado em um aparelho de DVD ou no computador.

ANOS 2010
As produções de vídeo começaram a ser vendidas ou alugadas pela internet. Atualmente, empresas cobram uma mensalidade para que os usuários possam assistir ao que quiserem em algum equipamento com acesso à internet.

REFLITA E REGISTRE

1. Você conhecia todos esses objetos? Sabe como eles funcionam?
2. Quando você quer ouvir música, que objetos você pode utilizar em sua casa?
3. Atualmente, o celular tem várias funções, como tocar música e exibir vídeos. Essas atividades estão disponíveis a todos? Por quê?

45

ETAPA 2 — FAZENDO ACONTECER

Orientações gerais

Você explorou exemplos de diferentes materiais utilizados para fazer um único objeto, como a roda. E também conheceu diferentes objetos que têm a mesma função, feitos de diferentes materiais. Você já havia pensado nos materiais usados para fazer os objetos que você usa todo dia?

Nossa proposta é sua turma produzir um álbum de figurinhas que mostre essas coisas a outras pessoas. Será que vocês percebem os diferentes materiais com que são feitas as gavetas em suas casas, por exemplo? Será que já perceberam que podem escutar música usando objetos diferentes?

Organizem-se em duplas e mãos à obra!

Esses álbuns são livretos com espaços para colar as figurinhas, que vêm em pacotinhos. Esses álbuns são muito populares principalmente nos eventos de futebol, mas podem ter qualquer tema.

PERCURSO 1

PESQUISA DO CONTEÚDO DO ÁLBUM

> **Meta**
> Pesquisar materiais e objetos para o álbum de figurinhas.

Em dupla

Cada dupla deve fazer uma página do álbum.

1. Conversem sobre objetos e materiais que vocês conhecem. Decidam juntos o que vão incluir no álbum. A página pode apresentar um objeto ou diversos objetos feitos com materiais diferentes mas usados para uma mesma função. Anotem as escolhas de vocês.

- _____
- _____
- _____
- _____

- _____
- _____
- _____
- _____

2. Pesquisem informações sobre os objetos e materiais. De que eles são feitos? Quais são suas funções? Busquem também, em jornais ou revistas, boas imagens que possam ser transformadas em figurinhas.

3. Apresentem aos colegas como será a página de vocês e as imagens que usarão como figurinhas. Os modelos de páginas a seguir podem ajudá-los a organizar a apresentação. Sugerimos a medida de 15 cm × 21 cm.

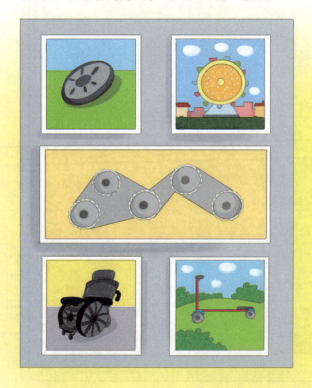
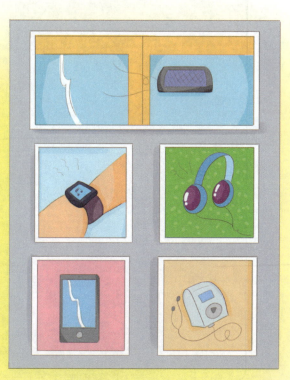

47

4. Escutem as sugestões e os comentários das outras duplas sobre a seleção que vocês fizeram. Conversem sobre os ajustes que podem ser feitos.

5. Vocês já sabem quantas figurinhas entrarão na página de vocês? Indiquem a seguir os espaços que serão ocupados pelas figurinhas.

6. Agora, indiquem quais fotografias serão transformadas em figurinhas.

Em grupo

7. A numeração das figurinhas é muito importante para que as pessoas encontrem o local correto onde elas entrarão no álbum. A numeração começa na primeira e vai até a última página. Assim, cada dupla precisa informar quantas figurinhas vai incluir em cada página. Anotem nos quadrinhos acima, ao lado dos quadrados das figurinhas, os números que vocês atribuíram a elas.

PERCURSO 2

PRODUÇÃO DO ÁLBUM

Meta
Elaborar as páginas e montar o álbum.

Produção das páginas do álbum e das figurinhas

Vocês vão precisar de: papel cartão, canetinhas e lápis de cor, régua, tesoura sem ponta, lápis grafite, anéis de chaveiro (para prender as páginas do álbum), saquinhos de plástico ou papel (para montar os pacotes de figurinhas) e fita adesiva (para fechar os pacotes de figurinhas).

Como fazer

Em dupla

1. Cortem o papel-cartão no tamanho que a turma combinou para o álbum. Nossa sugestão é que vocês usem o tamanho indicado no Percurso 1: 15 cm de largura e 21 cm de comprimento.

2. Escrevam o título da página e marquem a posição das figurinhas usando a régua. Os espaços destinados para as figurinhas precisam ter o mesmo tamanho (nossa sugestão é que todas as figurinhas tenham 5 cm × 5 cm).

3. Escrevam o número da figurinha dentro de cada quadrinho.

4. Em outra folha, façam quadrados com a mesma medida das figurinhas (nossa sugestão é 5 cm × 5 cm).

5. O passo seguinte será elaborar as imagens para as figurinhas. Dentro desses quadrados, desenhe ou cole imagens referentes ao tema escolhido por vocês. Depois, escrevam na parte de trás de cada figurinha o número dela de acordo com a numeração que vocês colocaram na página do álbum.

Imagens: Sérgio Dotta

Montagem do álbum e dos pacotes de figurinhas

Em grupo

1. Organizem-se em dois grupos: um grupo vai montar o álbum e o outro, os pacotes de figurinhas.

2. Para montar o álbum, vocês precisam observar a numeração das figurinhas.

3. De acordo com o tema escolhido pela turma, desenhem uma capa para o álbum.

4. Em seguida, façam cópias das páginas: vocês precisam montar muitos álbuns para distribuir aos colegas da escola.

5. Depois, montem os álbuns: façam um furo no canto superior esquerdo e prendam todas as páginas com o anel de chaveiro.

6. Para montar os pacotes de figurinhas, vocês precisam fazer cópias das figurinhas. Se vocês fizeram 30 álbuns, então precisam de 30 cópias de cada figurinha. Cada pacote de figurinha deve ter entre 3 e 5 figurinhas.

7. Embaralhem as figurinhas e distribuam pelos pacotes. Fechem os pacotes.

    A diversão do álbum é encontrar todas as figurinhas!

ETAPA 3 — RESPEITÁVEL PÚBLICO

Com os álbuns e os pacotes de figurinhas prontos, é o momento de distribuí-los. Vocês devem encontrar formas de passar para os colegas da escola os conhecimentos que vocês colocaram no álbum.

Uma das formas de fazer isso é criando um evento em que eles, organizados em grupos, preencham o álbum. É preciso decidir se cada colega receberá um álbum ou se cada grupo ficará com apenas um exemplar, pois isso depende da quantidade de álbuns que vocês fizeram.

Criem brincadeiras e jogos que deem acesso aos pacotes de figurinhas: cada grupo precisa participar dos jogos e receber o número de pacotes de acordo com sua colocação final. Façam um cartaz que indique a quantidade de pacotes que o grupo receberá quando ficar em 1º lugar, 2º lugar e assim por diante.

Pensem nas regras da competição: Quem preencher primeiro todo o álbum ganha? É preciso explicar aos demais o conteúdo das páginas do álbum?

Elaborem cartazes convidando os colegas para o evento, separem os materiais necessários para as brincadeiras e divirtam-se juntos!

Você já brincou de bafo? Essa é uma forma divertida de conseguir figurinhas.

Organizem uma roda de conversa e discutam a experiência de organizar um evento para os colegas da escola. Houve muitos alunos interessados no álbum de figurinhas? Eles relataram ter aprendido algo com o álbum? O quê?

No quadro a seguir você pode rever o que aprendeu ao longo da realização deste projeto. Preencha-o e, depois, compartilhe com os colegas e o professor suas impressões: O que foi fácil e o que representou um grande desafio para você?

Eu aprendi a...	😊	😐	😖
...reconhecer os materiais usados para fazer um objeto.			
...identificar diferentes objetos que têm a mesma função.			
...pesquisar informações sobre materiais e objetos.			
...produzir um álbum de figurinhas.			
...organizar um evento para os colegas da escola.			

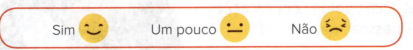

PROJETO

Uma rede telefônica escolar

"Quem não se comunica se trumbica". Você já ouviu essa frase? Ela foi repetida durante muitos anos por um apresentador de rádio e TV muito famoso, José Abelardo Barbosa, o Chacrinha. Mas, afinal, o que é **trumbicar**? Você sabe? Algum de seus amigos sabe?

Chacrinha buscava chamar a atenção, com essa frase, para os meios de comunicação, para o ato de se expressar e a importância de nos comunicarmos. Quem não se comunica tem dificuldades em fazer as tarefas do dia a dia e também de compreender como as coisas acontecem.

DE OLHO NO TEMA

O ser humano se comunica de muitas maneiras. Toda vez que há troca de mensagens entre as pessoas, elas estão se comunicando.

Às vezes esse contato é muito fácil e prazeroso, mas em outras, não. Vamos pensar sobre isso?

Essa é uma praça da cidade de Havana, em Cuba, que oferece acesso gratuito à internet. Que tipo de comunicação reuniu as pessoas nesse local?

> **DIRETO AO PONTO**
>
> A comunicação em sua escola é eficiente, ou seja, inclui todas as pessoas?

 QUAL É O PLANO?

Construir redes de telefone usando copos descartáveis para os alunos da escola se comunicarem.

Etapa 1 – Explorando o assunto

- As pessoas precisam estar frente a frente para se comunicarem?
- O que reúne e o que afasta as pessoas

Etapa 2 – Fazendo acontecer

Percurso 1: Projeto da rede telefônica
Percurso 2: Produção da rede telefônica

Etapa 3 – Respeitável público

Que tal propor brincadeiras usando a rede telefônica escolar para melhorar a comunicação entre todos na escola?

ETAPA 1 — EXPLORANDO O ASSUNTO

As pessoas precisam estar frente a frente para se comunicarem?

Para comunicar-se com alguém, você precisa estar junto dessa pessoa, frente a frente e no mesmo local?

E no passado, será que era necessário estar diante de alguém para se comunicar?

Você conhece objetos que auxiliam a comunicação entre as pessoas?

Na fotografia acima, o escrito no chão, em inglês, significa "zona de *wi-fi*". Ao lado, ponte sobre o Rio São Francisco que liga as cidades de Petrolina e Juazeiro, na divisa dos estados de Pernambuco e Bahia.

Como a internet e a ponte ajudam as pessoas a se comunicarem?

 **VAMOS AGIR**

Na escola há objetos que possibilitam a comunicação entre as pessoas?

1. O professor organizará um passeio com todos os alunos da turma pelos espaços da escola para que vocês identifiquem objetos que propiciem a troca de mensagens entre as pessoas. Escolha dois desses objetos.

REFLITA E REGISTRE

1. Apresente os objetos que você desenhou aos colegas. Quais objetos foram desenhados por mais de um colega?

Em grupo

2. Elaborem uma lista com os objetos desenhados por todos os alunos, separando-os em "comunicação presencial" e "comunicação a distância".

Comunicação presencial	Comunicação a distância

Os "ruídos" na comunicação

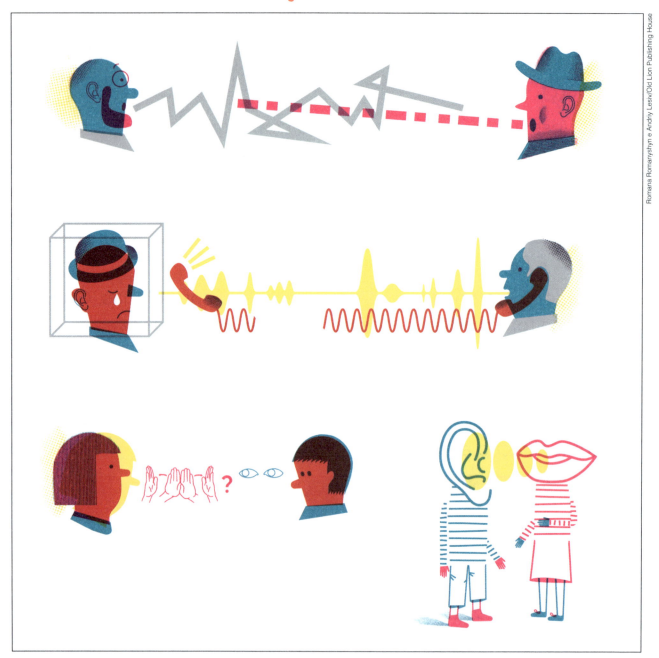

Nessa imagem há quatro tentativas de comunicação, mas apenas em uma delas as pessoas realmente se comunicam. Algo impede as outras pessoas de se comunicarem. Você sabe o que é?

   Às vezes, as pessoas não conseguem escutar umas às outras porque o lugar em que elas estão é muito barulhento.
   A comunicação por telefone também pode falhar: uma das pessoas pode estar em um local com sinal muito ruim ou mesmo sem créditos suficientes para receber ou fazer a chamada.

Você já tentou se comunicar com alguém e não conseguiu? O que impediu a comunicação? O que você sentiu nesse momento?

Quando uma pessoa tenta se comunicar com outra e não consegue, ela pode se sentir frustrada e até mesmo solitária. Que outros sentimentos podem surgir quando não conseguimos nos comunicar?

Você já observou na sala de aula ou em outros ambientes da escola alguém com dificuldades para se comunicar? Todos seguem as indicações para fazer fila na cantina? E as comunicações do professor são sempre escutadas por todos os alunos?

1. Vamos brincar de observar! Durante todo o dia de hoje, observe as pessoas a seu redor e identifique situações em que elas não estão conseguindo se comunicar. Você pode observar o professor na sala de aula no momento da explicação; os colegas durante a aula ou no pátio, quando estiverem conversando; um parente que fala ao telefone etc. Tente identificar se há algo que atrapalha a comunicação.

2. De todas as situações que você observou no item 1, escolha três delas.

REFLITA E REGISTRE

1. Explique aos colegas as situações que você escolheu e conte a eles o que você imagina que as pessoas sentiram em cada situação.
2. Quais foram as emoções mais relatadas pelos colegas? O que você pode afirmar sobre a emoção das pessoas quando há falta de comunicação?

59

Como nos sentimos ao nos comunicarmos com os outros

Você escolheu três situações em que as pessoas não conseguiam se comunicar. Percebeu como as pessoas envolvidas nessas situações se sentiram?

1. No final do livro (página 79), você encontra a representação de oito emoções. Recorte as que mostram os sentimentos das pessoas envolvidas nas situações que você escolheu.

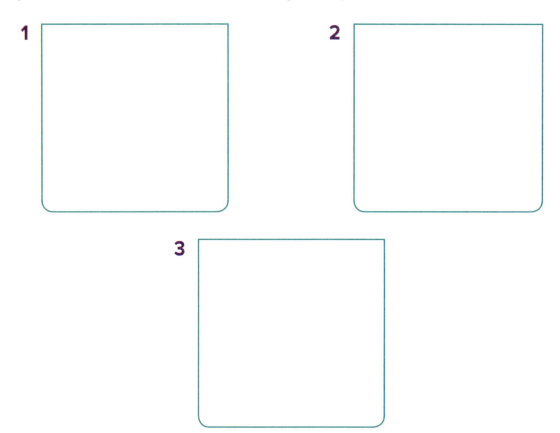

2. Apresente aos colegas as emoções que você escolheu para cada situação. Explique-lhes por que você acha que a pessoa sentiu essa emoção.

Em grupo

3. Converse com os colegas sobre as representações. Vocês acreditam que as pessoas poderiam ter feito alguma coisa para modificar a situação?

REFLITA E REGISTRE

1. Desenhe as três situações, mas modifique o que aconteceu: agora as pessoas conseguem se comunicar. Escreva o que você fez para mudar cada situação.

O que reúne e o que afasta as pessoas

Comunicar-se com os outros também pode causar conflitos. Quando todos falam ao mesmo tempo, alguém realmente consegue comunicar o que deseja? Já aconteceu de alguém ficar irritado porque os colegas estavam falando muito alto?

Nos espaços públicos também podem acontecer conflitos na comunicação. Na cidade de São Paulo, por exemplo, a população apoiou uma lei que diminuiu a quantidade de publicidade nas ruas, praças e parques, chamada "Lei Cidade Limpa". A comunicação visual em excesso é considerada uma forma de poluição, você sabia?

A arquiteta sino-brasileira Chu Ming Silveira criou o orelhão para tentar resolver um conflito relacionado à comunicação nos espaços públicos. Com a "cabine" do orelhão, os telefones foram instalados nas calçadas e as pessoas passaram a ter um pouquinho de privacidade ao se comunicarem usando telefone público.

Na Jamaica, as pessoas inventaram uma forma de tocar seus ritmos em espaços públicos: os *sound systems*. Elas colocaram esses alto-falantes em determinados locais e se reuniam ao redor deles.

VAMOS AGIR

Que tal fazermos um *sound system*? Vocês podem usá-lo para apresentar programas de rádio feitos por vocês e tocar suas músicas favoritas.

Vocês vão precisar de dois copos de papel ou isopor (peçam aos adultos de sua família para guardar os copos descartáveis usados por eles), um rolo de papelão comprido (de papel-alumínio ou papel-toalha), duas folhas de papel-toalha, tesoura sem ponta e lápis.

Como fazer

1. Recorte as peças como indicado nas imagens.

2. Enrole as duas folhas de papel-toalha e coloque uma em cada ponta do rolo de papel. Ela serve para deixar o som menos "estourado". Encaixe o rolo nos copos.

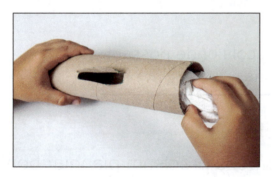 

3. Coloque o celular no buraco que você fez no rolo e teste o som. Você pode mexer no papel-toalha para melhorar a qualidade do som.

REFLITA E REGISTRE

1. Use seu *sound system* nos espaços da escola e depois responda às questões.

   a) Qual foi a reação das pessoas com a instalação do seu pequeno *sound system*?

   b) Em quais momentos o *sound system* reuniu as pessoas?

   c) Em que situações ele afastou as pessoas?

Orientações gerais

Vimos até aqui objetos e situações que podem facilitar ou atrapalhar a comunicação entre as pessoas. Agora a turma construirá uma rede telefônica usando telefones de copos para que todos tenham uma maneira divertida de se comunicar na escola!

PERCURSO 1

PROJETO DA REDE TELEFÔNICA

> **Meta**
> Identificar locais da escola onde possam ser instalados os telefones.

Levantamento dos locais da escola

Para construir a rede telefônica, vocês precisam planejar bem cada etapa.

1. O primeiro passo é escolher os locais da escola nos quais a rede possa ser instalada. Para isso, é preciso definir alguns detalhes da rede telefônica. Veja a seguir.

   a) O copo vai ficar preso em algum lugar? Ele terá a proteção de uma cabine telefônica? Nesse local há uma parede, um poste ou uma árvore para instalar a cabine? A que altura do chão o copo deve ficar para que todos os alunos possam alcançá-lo?

   b) O barbante que liga os copos precisa ficar esticado e não atrapalhar a passagem das pessoas. O ideal é ele ficar esticado rente à parede. É possível fazer curvas com o fio sem perder o som, como mostram as ilustrações, mas essa posição precisa ser bem avaliada para não atrapalhar a passagem das pessoas pelo corredor.

Basta um elástico e um gancho (como a maçaneta) para fazer uma curva no fio do telefone.

Quando os fios dos telefones são entrelaçados, a conversa fica toda misturada e todo mundo pode ouvi-la!

c) Há pontos que podem servir de apoio para a passagem ou o desvio dos fios?

Em grupo

2. Com essas informações em mãos, visite os espaços da escola com os colegas e o professor. Qual é o melhor local para a instalação da rede telefônica?

3. Todos devem dar sugestões e partilhar ideias. Depois que todos forem ouvidos, decidam juntos o melhor espaço para a instalação.

Elaboração do projeto

4. Após o local ter sido escolhido, marquem com giz a posição dos telefones. Não se esqueçam: quando a pessoa pegar o copo, o fio precisa ficar bem esticado!
Se forem criar as cabines, pensem na posição delas de modo que os fios fiquem esticados e o copo na altura adequada para os alunos.

5. Organizem-se em grupos. Cada grupo ficará responsável por uma dupla de telefones e deve elaborar a cabine, construir o telefone e instalar tudo no local indicado no desenho.

PERCURSO 2

PRODUÇÃO DA REDE TELEFÔNICA

> **Meta**
> Fazer os telefones, elaborar as cabines e instalar a rede de telefonia na escola.

Elaboração do telefone e da cabine

Em dupla

Comecem fazendo o telefone.

Material:

- dois copos descartáveis (de papel ou plástico);
- rolo de barbante;
- tesoura sem ponta;
- lápis;
- dois clipes de papel.

Como fazer

1. Furem o fundo do copo usando o lápis. Passem o barbante pelo buraco, prendam o clipe de papel na ponta do barbante e deem um nó. O clipe impedirá que o barbante escape pelo furo do copo.

Imagens: Sérgio Dotta

2. Furem o outro copo, mas não prendam o barbante nele, pois isso só será feito na instalação. Se não souberem a medida do barbante, não o cortem; esperem o dia da instalação para isso.

> Vocês podem encapar os copos com papel colorido para que eles fiquem mais resistentes.

66

Em seguida, façam a cabine. Para cada cabine, vocês vão precisar de:

- uma caixa de sapatos;
- papel colorido;
- cola;
- tesoura sem ponta;
- fita adesiva.

1. Façam um buraco no fundo da caixa para passar o fio do telefone.
2. Cubram toda a caixa com papel colorido (vocês também podem pintá-la) e identifiquem a rede telefônica: vocês podem numerar a cabine ou dar um nome a ela!

Instalação da rede

1. O primeiro passo é instalar as cabines, e há várias formas de prendê-la. Vocês podem usar o barbante, por exemplo. Se houver algum gancho na parede, basta fazer dois furinhos no alto da caixa de sapatos, passar o barbante por eles e pendurá-lo no gancho. Em uma árvore, façam isso em um galho. Peçam ajuda a um adulto caso precisem colocar algum suporte na parede. Se forem colocar a cabine na parede, usem a fita adesiva na lateral da caixa para a cabine ficar bem firme.

2. De frente para a cabine, passem a ponta do barbante pelo furo. Observem se o copo ficou em uma boa posição. Um membro do grupo deve ficar atrás da primeira cabine e levar o barbante até a outra cabine, passá-lo pelo furo e instalar o copo na parte da frente dela.
3. Se o fio fizer alguma curva, esse é o momento de prendê-lo nos ganchos usando o elástico.

Pronto! Tudo instalado? O barbante fica bem esticado quando alguém tira o telefone do gancho e o puxa? Então, é hora de testar a rede.

ETAPA 3 — RESPEITÁVEL PÚBLICO

É hora de compartilhar com toda a escola a rede telefônica!

Sugerimos que vocês criem algumas brincadeiras para incentivar o uso dos telefones de copo.

Pensem em formas de divulgar a novidade para a comunidade escolar. Uma sugestão é escrever as descobertas mais divertidas que fizeram neste projeto em pequenas tiras de papel e entregá-las aos colegas de outras turmas no intervalo das aulas. Vocês podem também usar o *sound system* que construíram para a divulgação. Gravem no celular algumas questões que foram debatidas, por exemplo:

- Como as pessoas se sentem quando elas não conseguem se comunicar?

- Quando você fala, sempre há alguém disposto a escutar?

Também é legal propor uma brincadeira no telefone de copo. Um aluno convida os colegas para ficar de um lado do fio e usa o telefone para responder às perguntas propostas no *sound system*, contar mais curiosidades sobre a importância da comunicação e perguntar a todos como se sentem ao usar o telefone. Depois ele deve escutar o que os colegas têm a dizer com carinho e atenção!

 **BALANÇO FINAL**

Os amigos de Armandinho toparam a brincadeira, mas o menino ficou triste!

Por que Armandinho ficou triste? O que você diria aos amigos de Armandinho sobre a comunicação?

 **AUTOAVALIAÇÃO**

No quadro a seguir você pode rever o que aprendeu ao longo deste projeto. Preencha-o e depois compartilhe suas impressões com os colegas e o professor. O que foi fácil e o que representou um grande desafio para você?

Eu aprendi a...	😊	😐	😣
...reconhecer o papel da comunicação na vida das pessoas.			
...identificar emoções relacionadas à comunicação e à falta dela.			
...usar formas de comunicação para reunir as pessoas.			
...criar uma rede de telefones com copos.			

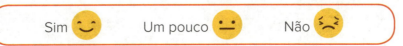

Nossas lembranças (páginas 10 e 11)

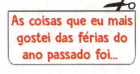

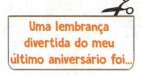

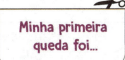

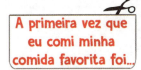

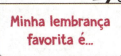

Medindo o tempo (página 14)

Fazendo acontecer (páginas 16 e 17)

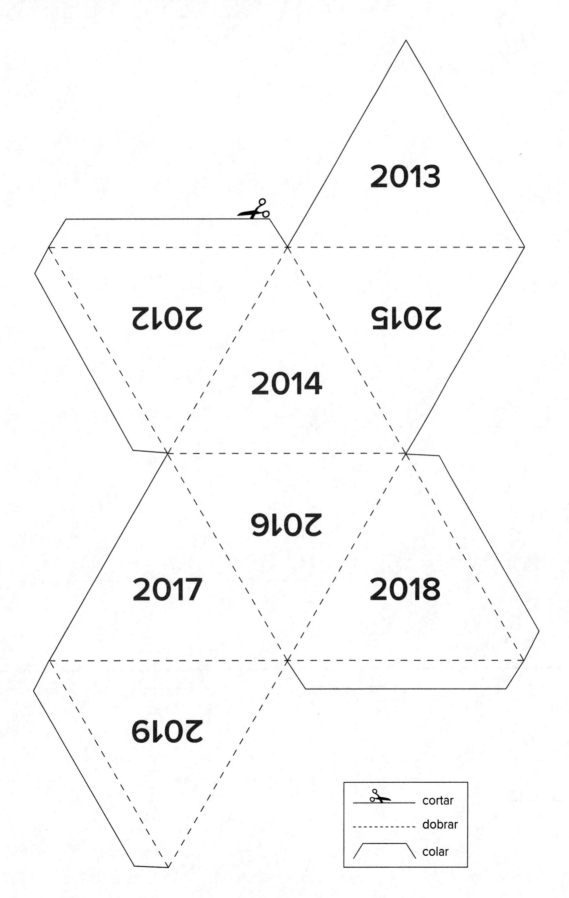

75

Fazendo acontecer (páginas 16 e 17)

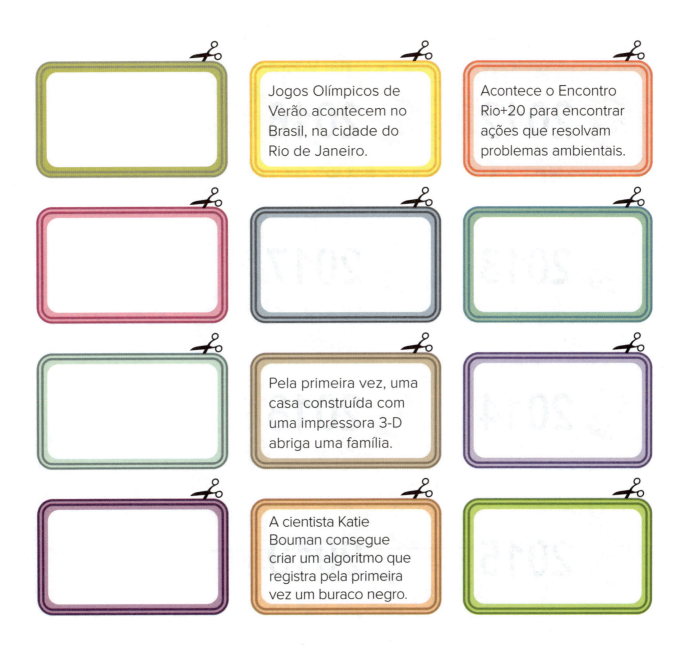

- Jogos Olímpicos de Verão acontecem no Brasil, na cidade do Rio de Janeiro.
- Acontece o Encontro Rio+20 para encontrar ações que resolvam problemas ambientais.
- Pela primeira vez, uma casa construída com uma impressora 3-D abriga uma família.
- A cientista Katie Bouman consegue criar um algoritmo que registra pela primeira vez um buraco negro.

77

Como eu me sinto... (página 60)